CHRISTIN PARDUN

SIMPLY THE (PAPIER)REST

BASTELN

CREATISSIMO
EINFACH.SELBER.MACHEN.

EMF

EIN BUCH DER
EDITION MICHAEL FISCHER

Bibliografische Information der Deutschen Bibliothek.

Die Deutsche Bibliothek verzeichnet diese Publikation in der deutschen Nationalbibliografie.

Detaillierte bibliografische Daten sind im Internet über http://www.d-nb.de/ abrufbar.

EIN BUCH DER EDITION MICHAEL FISCHER

1. Auflage 2016

Covergestaltung: Fabio Schaffer
Coverfoto: John Curran
Redaktion und Lektorat: Natascha Mössbauer
Layout und Satz: Verena Raith, Fabio Schaffer

ISBN 978-3-86355-455-2

Printed in Slovakia

www.emf-verlag.de

VORWORT

Können Sie, genauso wie ich, einfach nicht an schönem Geschenkpapier vorbeigehen und schneiden Sie sich aus Zeitschriften und Magazinen besondere Motive immer aus, um sie fürs Basteln aufzubewahren? Dann ist dieses Buch genau das Richtige für Sie!

Ich liebe Papier in jeglicher Form. Seien es Papierservietten, Tapeten, alte Bücher oder Origami-Papier. Von allem wird der kleinste Schnipsel aufgehoben. Ich gehöre sogar zu denjenigen, die jedes schön verpackte Geschenk behutsam auspacken, um das Papier später irgendwann einmal wiederverwerten zu können.

Für meinen Blog habe ich bereits das ein oder andere Bastelprojekt mit Papier umgesetzt. Das Schöne an diesem Material ist, dass man es günstig bekommt und man eine Menge hübscher Dinge relativ einfach damit zaubern sowie verschönern kann.

Mit diesem Buch möchte ich Ihnen zeigen, was mit Papier alles möglich ist. Es kann viel mehr als nur gefaltet und verklebt werden, wie wäre es einmal mit Vernähen oder Verweben? Auch das Aufhübschen von Stoff und Porzellan ist damit möglich.

All dies und noch viel mehr sehen Sie auf den folgenden Seiten.

Viel Spaß beim Nachbasteln wünscht

Christin

MATERIAL

Folgende Utensilien sollten Sie für die Umsetzung der Projekte zur Hand haben:

Wissenswertes

Décopatch-Kleber:
Diesen Kleber kann man für Papier und Stoffe verwenden. Er trocknet transparent weg und hält auf trockenen, festen Untergründen. Wenn er ausgehärtet ist, ist er wasserabweisend.

Fototransfer-Kleber:
Mit diesem Kleber können Ausdrucke, Zeitungsausschnitte, Fotos und Geschenkpapier auf verschiedenste Untergründe, wie Holz, Keramik, Stoff und Metall übertragen werden. Er trocknet transparent weg und ist danach wasserabweisend.

Porzellan-Kleber:
Mit diesem Kleber können Servietten auf Porzellan aufgebracht werden. Durch einen Einbrennvorgang im Backofen wird das Ganze spülmaschinenfest. Aus Erfahrung empfehle ich, dennoch das Porzellan immer per Hand zu spülen.

Tipps für die Materialbeschaffung:
Hübsches Origami- oder Scrapbooking-Papier bekommen Sie in vielen Bastelgeschäften oder im Internet. In Interiorgeschäften gibt es meist Geschenkpapier oder Servietten, mit denen ebenfalls toll gebastelt werden kann. Auch Briefmarken, Briefpapier, alte Spielkarten, Postkarten, gebrauchte Bücher, Tapeten und Stammbuchbildchen sind schöne Papiere, die gut verarbeitet werden können. Diese bekommen Sie für wenig Geld auf dem Trödelmarkt oder im Sozialkaufhaus.

Zu den Projekten im Buch:
Zur Orientierung sind die einzelnen Projekte mit unterschiedlichen Schwierigkeitsgraden gekennzeichnet (je voller das Scherensymbol ausgemalt ist, desto anspruchsvoller ist das Projekt). Starten Sie am besten mit einem leichten Projekt und arbeiten Sie sich nach und nach an die etwas anspruchsvolleren Anleitungen heran.

Alte Tapetenreste mit ausgefallenen Mustern lassen sich prima verbasteln! Verpassen Sie damit z. B. einer gebrauchten Kommode einen neuen und individuellen Look (siehe S. 28).

STROHHALMFRÜCHTE

Diese bunten Strohhalme sind der Party-Hit! Der Clou daran: Sie sehen nicht nur gut aus, sondern schützen auch vor lästigen Fliegen.

Material

buntes Papier, nach Größe des Glases / Papierreste in Grün, nach Bedarf / Klebestift / Strohhalme

Werkzeug

Lineal / Zirkel / Schere / Bleistift / Lochzange

1 Messen Sie den Durchmesser des gewählten Glases (in diesem Fall: Sektgläser). Wenn Sie den Durchmesser durch zwei teilen, erhalten Sie den Radius bzw. das entsprechende Zirkelmaß (in diesem Fall ist der Durchmesser 6 cm). Ziehen Sie mit dem Zirkel einen Kreis auf das Papier und schneiden Sie diesen aus.

2 Stellen Sie anschließend einen zweiten Papierkreis her. Dieser Kreis hat 1 cm weniger Radius als der erste Kreis.

3 Jetzt schneiden Sie den kleineren Kreis in vier gleich große Stücke. Anschließend kleben Sie diese vier Stücke mit Klebestift auf den größeren Papierkreis auf.

4 Nun drücken Sie mit der Lochzange in die Mitte der Frucht ein Loch.

5 Zeichnen Sie anschließend frei Hand ein Blatt auf ein Stück Papier auf, schneiden Sie dieses aus und kleben Sie es mit Klebestift an der Rückseite der Frucht fest. Den Strohhalm können Sie dann einfach durch das Loch stecken.

MINI-BRIEFMAPPE

Diese kleine Briefmappe bietet sich besonders für die Aufbewahrung von hübschen Papierstückchen, Briefmarken oder alten Fotos an.

1

2

3

Material

buntes Papier, je ca. 15 × 15 cm / Klebestift / Masking-Tape

Werkzeug

Schere / Stift / Lineal

1 Zuerst schneiden Sie sich aus dem gewählten Papier ein Quadrat in der Größe von 15 × 15 cm zu. Nun markieren Sie mit einem Stift die Mitte.

2 Jetzt falten Sie die zwei gegenüberliegenden Seiten so zusammen, dass die jeweilige Spitze den markierten Mittelpunkt berührt.

3 Messen Sie nun vom Mittelpunkt zu einer Seite hin 2 cm ab und falten Sie die betreffende Papierspitze zu dem markierten Punkt hin.

weiter

4 Auf beiden Seiten der zuletzt gefalteten Spitze falten Sie die Ecken jetzt mit 2 cm Breite zur Mitte hin.

5 Nun klappen Sie das Ganze so um, dass ein Briefumschlag entsteht, und fixieren den Umschlag entsprechend mit Klebestift.

6 Um eine kleine Mappe zu erhalten, falten Sie sich mehrere Briefe auf diese Weise und kleben Sie sie mit Masking-Tape zusammen.

7 Zum Schluss basteln Sie sich eine Banderole, um die Brief-Mappe zusammenzuhalten. Schneiden Sie hierfür ein schmales Rechteck in den Maßen 6 × 20 cm aus Papier zu und kleben Sie die Enden mit Klebestift zusammen.

GESCHENKANHÄNGER

Für hübsche Geschenkanhänger brauchen Sie kein Geld auszugeben! Mit ein bisschen Geschick können diese einfach selbst gebastelt werden.

Material

Scrapbooking-Papier oder buntes Papier, je ca. 8,5 × 4,5 cm / evtl. Bastelkarton / kleine runde Aufkleber / Bänder oder Kordel

Werkzeug

Lineal / Stift / Schere / Lochzange

1 Verwenden Sie für diese Anhänger am besten Scrapbooking-Papier, da es etwas dicker als normales Papier ist. Natürlich ist aber auch jedes andere Papier möglich. Dann sollte die Rückseite der Anhänger jedoch gegebenenfalls mit buntem oder weißem Karton verstärkt werden. Zuerst schneiden Sie sich aus Karton eine Vorlage in der gewünschten Form in der Größe 8,5 × 4,5 cm zu.

2 Nun werden mithilfe der Vorlage die Geschenkanhänger ausgeschnitten. Anschließend kleben Sie den Aufkleber jeweils oben in der Mitte der Anhänger auf und stanzen mit der Lochzange mittig ein Loch hinein.

3 Zum Schluss können die Anhänger mit verschiedensten Bändern oder dünner Kordel an den Geschenken befestigt werden.

Mit einer Zackenschere und einem Motivstanzer lassen sich nachträglich die Form der Anhänger vielfältig variieren. Probieren Sie ruhig etwas herum – so ist jeder Anhänger individuell!

SAMMELSÄCKCHEN

So macht Ordnung Spaß! Schöne Motive aus Geschenkpapier oder Zeitschriften werden einfach auf kleine Stoffsäckchen übertragen.

Bitte beachten Sie, dass die Säckchen nur per Hand gewaschen werden sollten.

Material

Motive aus Geschenkpapier oder Zeitschriften / Stoffsäckchen / Fototransfer-Kleber / Folien- oder Papierrest / Tuch / Schwamm

Werkzeug

Schere / Stift / Pinsel

1 Zuerst schneiden Sie sich schöne Motive aus Geschenkpapier oder Zeitschriften aus.

2 Diese legen Sie mit der schönen (bedruckten) Seite auf die Stoffsäckchen und zeichnen mit einem Bleistift die Umrisse an.

3 Damit der Kleber nicht durchnässt, legen Sie jetzt ein Stück Folie oder Ähnliches in die Säckchen und beginnen, mit dem Pinsel den Fototransfer-Kleber satt auf dem Stoff aufzutragen. Hierbei ist es wichtig, nicht über die angezeichneten Umrisse zu pinseln.

4 Pinseln Sie auch die bedruckte Oberfläche der Motive satt mit dem Kleber ein. Achten Sie darauf, dass die andere Seite trocken bleibt.

5 Legen Sie die Motivseite auf die Säckchen, drücken Sie sie glatt an und streichen Sie mit einem Tuch mehrmals darüber.

6 Lassen Sie das Ganze so lange trocknen wie in der Anleitung Ihres Klebers angegeben. Weichen Sie die Säckchen dann unter fließendem Wasser ein und rubbeln Sie die oberste Papierschicht mit einem Schwamm weg.

PAPIERKUGELN

Ob in weihnachtlichen Farben oder ganz frühlingshaft: Diese hübschen Kugeln passen sich, je nach Papier, immer ihrer Umgebung an.

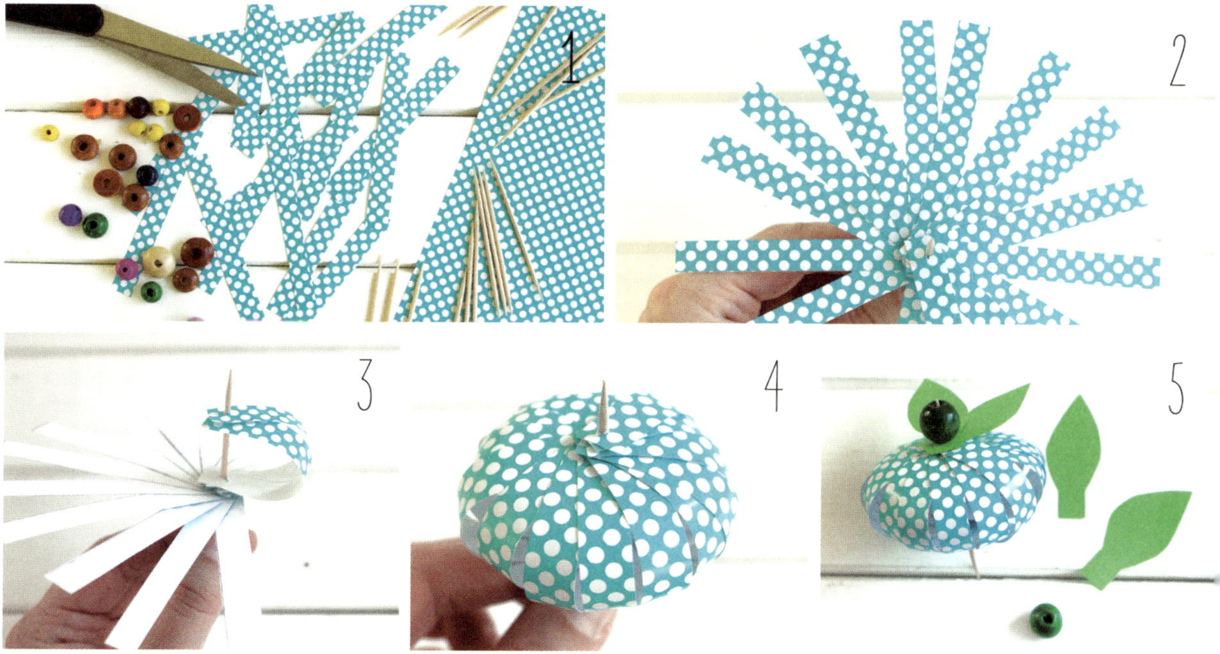

Material

buntes Papier, mindestens 10 × 15 cm / Papierreste in Grün, nach Bedarf / Zahnstocher / Holzperlen / flüssiger Klebestift

Werkzeug

Schere / Stift / Lineal

1 Zuerst schneiden Sie sich 15 Papierstreifen in den Maßen 10 × 1 cm zu.

2 Nun spießen Sie die Streifen nacheinander in Kreisform auf einen Zahnstocher auf.

3 Wenn Sie alle Streifen aufgespießt haben, nehmen Sie sich die äußeren Enden der Streifen und spießen diese jeweils noch einmal übereinander auf denselben Zahnstocher auf.

4 So gehen Sie mit allen Streifen vor, bis eine Papierkugel entsteht.

5 Zum Schluss schneiden Sie sich aus grünem Papier kleine Blätter zu und spießen diese oben auf den Zahnstocher. Zur Befestigung kleben Sie zusätzlich eine Holzperle fest.

KARTENSPIEL-LAMPE

Haben Sie auch noch alte Kartenspiele aus Kindertagen zu Hause? Mit dieser Idee rücken die schönen Illustrationen in ein neues Licht.

Material

Lampengestell mit Fassungsring / Kartenspiel (z. B. Quartett) / flüssiger Klebstoff / Band oder dünne Schnur

Werkzeug

Maßband / Schere / Nähmaschine / Lochzange

1 Zuerst nehmen Sie Maß vom Umfang Ihres Lampengestells und legen sich entsprechend viele Karten auf dem Tisch zurecht. Schneiden Sie die Karten gegebenenfalls noch passend zu (ich habe bei meinen Karten die Texte abgeschnitten). Anschließend beginnen Sie, die Karten mit einem großen Zickzackstich in einzelne Streifen aneinanderzunähen.

2 Nun nähen Sie mit derselben Technik die entstandenen Kartenstreifen so mit der Nähmaschine zusammen, dass ein großes Rechteck entsteht. Verbinden Sie die zwei Seitenenden mit etwas flüssigem Klebstoff.

3 Jetzt stanzen Sie mit der Lochzange zwei gegenüberliegende Löcher in den oberen Rand.

4 Dadurch können Sie den Karten-Lampenschirm mit einem Band oder einer Schnur am Gestell befestigen. Zum Schluss lösen Sie den Schraubring von der Fassung, setzen das Gestell auf die Fassung und schrauben den Ring wieder fest – fertig!

MINI-GIRLANDEN

Sie benötigen noch eine Geschenkverpackung oder eine schnelle Party-Deko? Mit diesen Mini-Girlanden können Sie im Nu alles schmücken!

1

2

Material

buntes Papier, je nach gewünschter Form (in diesem Fall z. B. je 8 cm Länge für die Wolken, 5 cm ø für die Kreise)

Werkzeug

Schere / Motivstanzer / Nähmaschine

1 Zuerst stanzen oder schneiden Sie sich kleine Papiermotive aus (z. B. Wolken, Herzen oder Kreise). Die Anzahl richtet sich nach der gewünschten Girlandenlänge.

2 Nun nähen Sie per kleinem Geradstich mit der Nähmaschine die einzelnen Motive aneinander. Lassen Sie zwischen den Motiven einen 1,5 cm großen Abstand, bei dem Sie die Maschine im Freilauf arbeiten lassen.

Wenn Sie keinen Motivstanzer besitzen, können Sie alternativ auch Keksausstecher als Vorlage für hübsche Motive verwenden.

BLUMENKRANZ

Viele Kulturen schmücken sich traditionell mit bunten Blumen im Haar. Warum diesen Brauch nicht einfach einmal übernehmen?

Material

Krepppapier-Rollen in verschiedenen Farben / Klebestreifen / Haarreif

Werkzeug

Schere / Lochzange

1 Zuerst schneiden Sie sich von den unterschiedlichen Krepppapier-Rollen mehrere 5 cm große Stücke zurecht.

2 Schneiden Sie nun ein Muster Ihrer Wahl in die mehrlagigen Krepppapier-Streifen (siehe Foto).

3 Jetzt klappen Sie die Krepppapier-Streifen vollständig auseinander und krempeln Sie sie zu einer Blüte zusammen.

4 Für das Blatt schneiden Sie ein kleines mehrlagiges Stück Krepppapier von der Rolle ab und schneiden es in der entsprechenden Form zurecht.

5 Klappen Sie das Blatt ebenfalls auseinander und legen Sie es um die Blüte.

6 Nun wickeln Sie ein Stück Klebestreifen um das untere Ende der Blüte und stanzen mit der Lochzange ein Loch durch den Stiel.

7 Zum Schluss stecken Sie die Blüten nacheinander auf den Haarreif.

KONFETTI-POSTKARTEN

Möchten Sie Freude und Partylaune verbreiten? Dann verschicken Sie doch mal Karten in Form dieser bunten Stimmungsmacher!

Material

Tonpapier, nach Bedarf / alte Postkarte (als Vorlage) / transparente Geschenkfolie / Masking-Tape / buntes Papier, nach Bedarf

Werkzeug

Schere / Bleistift / Motivstanzer oder Locher

1 Mithilfe der Postkarte zeichnen Sie sich eine Vorlage auf dem Tonpapier an und schneiden diese aus. Wiederholen Sie den Vorgang anschließend auf der transparenten Geschenkfolie, nur geben Sie beim Anzeichnen hier auf jeder Seite noch 0,5 cm dazu.

2 Legen Sie das Tonpapierstück auf das größere Stück Geschenkfolie, klappen Sie die überstehenden Ränder um und fixieren Sie diese mit dem Masking-Tape dicht am Rand der Rückseite. Lassen Sie eine Seite zum Befüllen offen.

3 Jetzt können Sie mit dem Stanzen beginnen. Falls Sie keinen Motivstanzer zur Verfügung haben, können Sie die Motive auch mit der Hand aus dem Papier ausschneiden oder für kleines Konfetti den Locher benutzen.

4 Zum Schluss befüllen Sie die Karte noch mit dem Konfetti und schließen die Öffnung ebenfalls mit Masking-Tape.

PAPIER-ROSETTEN

Bunte Papier-Rosetten sind die ideale Deko! Egal, ob Feier, Hochzeit oder Geburtstag: Der Papierschmuck macht immer eine gute Figur.

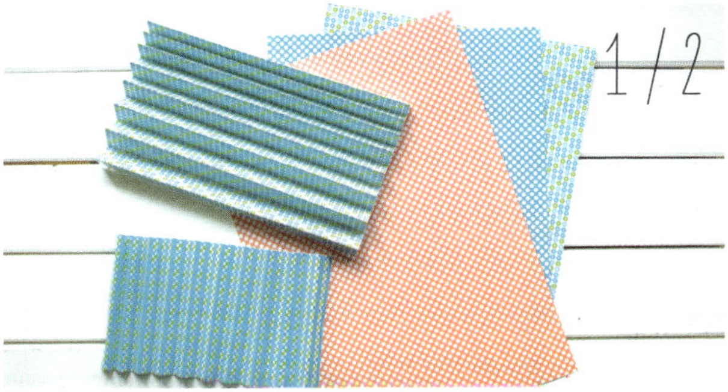

Material

buntes Papier, ca. 30 × 20 cm / Klebestift

Werkzeug

Schere / Lineal / Stift

1 Als Erstes schneiden Sie sich Rechtecke aus Papier zu. Je nach gewählter Länge und Breite des Papierstücks werden die Rosetten unterschiedlich groß. Experimentieren Sie mit den Größen einfach etwas herum. In diesem Fall sind die Maße für die große Rosette 30 × 20 cm, für die kleine 30 × 10 cm.

2 Falten Sie die Papierstücke vollständig in konstanten Abständen (Augenmaß) in Längsrichtung abwechselnd nach oben und unten (ziehharmonikaartig). Wählen Sie den Abstand entsprechend der Größe des Papierblatts.

3 Nun gibt es zwei Möglichkeiten, die Erste ist: Sie knicken die Rosette in der Mitte (wie ich bei der kleineren) und kleben die entstandenen Hälften mit dem Klebestift zusammen.

4 Die Zweite ist: Sie bereiten sich zwei gefaltete Papierstücke in derselben Größe vor und kleben sie zusammen. Das bietet sich insbesondere für die Herstellung größerer Rosetten an.

5 Bringen Sie die Enden der jeweiligen Rosetten zusammen und schließen Sie sie mit Klebestift. Schneiden Sie dann andersfarbige/kontrastreiche Papierkreise aus und kleben Sie diese jeweils auf die Mitte der Rosette.

VINTAGE-KOMMODE

Sie lieben Retro? Hier erfahren Sie, wie Sie aus alten Muster-Tapeten und einer Holzkommode ein Vintage-Liebhaberstück zaubern.

3

Material

Mini-Kommode aus Holz / Tapetenreste, je ca. 8 × 8 cm / Décopatch-Kleber

Werkzeug

Stift / Schere / Pinsel

1 Sie benötigen eine entsprechend kleine Holzkommode. Diese bekommen Sie in Baumärkten oder in Möbelgeschäften.

2 Zuerst schneiden Sie sich passende Quadrate aus der Tapete aus. Legen Sie dazu am besten ein Fach aus der Kommode auf die Tapete und zeichnen Sie mit einem Stift herum. Jetzt pinseln Sie die vordere Seite des Fachs mit dem Décopatch-Kleber ein und drücken das Tapetenstück darauf. Anschließend wird alles schön glatt gestrichen.

3 Zum Schluss pinseln Sie noch einmal mit dem Décopatch-Kleber darüber, damit eine glänzende und abwaschbare Oberfläche entsteht. Anschließend lassen Sie alles gut trocknen.

Bei vielen Tapetenshops können Sie für wenig Geld schöne und ausgefallene Musterstücke kaufen.

PORZELLAN

Papierservietten sind oft viel zu schade zum Benutzen. Mit Porzellan-Kleber verschönern Sie Geschirr einfach mit hübschen Servietten.

Material

bunte Papierservietten, nach Bedarf / Geschirr, nach Wahl / Porzellan-Kleber

Werkzeug

Schere / Pinsel

1 Zuerst schneiden Sie aus den Papierservietten die gewünschten Motive aus.

2 Dann ziehen Sie die drittoberste Schicht der Motivstücke ab.

3 Nun bestreichen Sie mit dem Porzellan-Kleber die zu beklebende Stelle Ihres Geschirrs. Danach legen Sie das jeweilige Motivstück, mit der schönen Seite nach oben zeigend, darauf und pinseln noch einmal vorsichtig darüber.

4 Nachdem alles getrocknet ist, stellen Sie das Geschirr für 90 Minuten bei 130 °C in den Backofen, um die Motive einzubrennen. Verschiedene Kleber haben gegebenenfalls abweichende Verarbeitungseigenschaften. Lesen Sie sich deshalb vorher unbedingt die Packungsanleitung des Produkts genau durch.

Gewebte Körbchen

Brauchen Sie praktische kleine Ordnungshelfer? Diese hübschen Körbchen lassen sich aus Papierresten ganz einfach selbst herstellen.

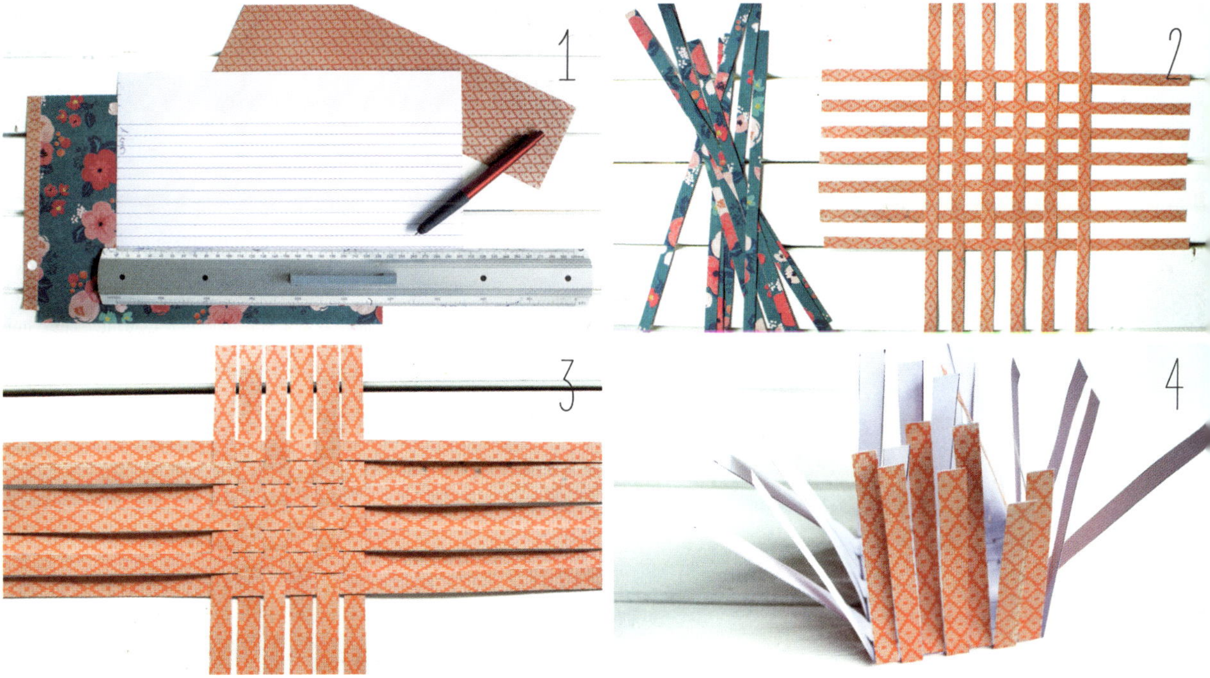

Material

buntes Scrapbooking-Papier oder Motivkarton, ca. 30 × 30 cm / flüssiger Klebstoff

Werkzeug

Schere / Lineal / Stift

1 Schneiden Sie sich zuerst aus einem Papierstück 13 Streifen in den Maßen 30 × 1 cm aus. Anschließend schneiden Sie aus einem andersfarbigen Papierstück 10 Streifen mit den gleichen Maßen aus.

2 Nun legen Sie die 13 Streifen bündig zu einem Netz für den Boden des Korbs zusammen. Dafür führen Sie die horizontalen Streifen abwechselnd über und unter die vertikalen.

3 Dann schieben Sie das Papiernetz eng zusammen und fixieren es mit ein wenig Klebstoff.

4 Drehen Sie das Papiernetz um und knicken Sie die überstehenden Streifen nach oben.

weiter

5

6

7

5 Nun können Sie mit dem Weben beginnen: Dafür nehmen Sie sich die restlichen 10 Papierstreifen und führen sie abwechselnd über und unter die senkrecht stehenden Streifen. Beginnen Sie diese jeweils von derselben Seite einzuweben und fixieren Sie den Anfang mit ein wenig Klebstoff. So verfahren Sie, bis alle Papierstreifen aufgebraucht sind.

6 Wenn Sie fertig gewebt haben, knicken Sie die überstehenden Enden der Außenseite nach innen und fixieren diese mit etwas Klebstoff.

7 Die innenseitigen Enden schneiden Sie zum Schluss bündig ab.

Durch mehr oder weniger bzw. längere oder kürzere Papierstreifen können Sie die Größe Ihres Korbs ganz einfach variieren.

PAPIERPERLEN

Perlen are a girl's best friend! Diese hübschen Perlen aus Papier sind ruckzuck hergestellt und machen optisch ordentlich was her!

Material

buntes Papier, je ca. 30 cm lang / Klebestift / Décopatch-Kleber / Bänder oder Kordeln

Werkzeug

Stift / Lineal / Schere / Holzstäbchen / Pinsel

1 Nehmen Sie sich Papierreste mit je etwa 30 cm Länge. Je länger die Streifen sind, umso dicker werden die Perlen. Zeichnen Sie sich im Abstand von 1,5 oder 2 cm Punkte auf dem Papier an. Auch hier gilt, je breiter die Papierstreifen, desto länger werden die Perlen. Experimentieren Sie mit den unterschiedlichen Größen einfach ein wenig herum.

2 Schneiden Sie die Papierstreifen anschließend aus und wickeln Sie diese um ein Holzstäbchen. Den Anfang können Sie mithilfe des Klebestifts fixieren.

3 Wickeln Sie die Streifen eng auf und kleben Sie die Enden mit dem Klebestift fest.

4 Damit die Perlen glänzen und fester werden, pinseln Sie diese komplett mit dem Décopatch-Kleber ein und lassen sie gut trocknen.

5 Sie können die Perlenform variieren, indem Sie die Streifen in verschiedenen Formen (z. B. spitz zulaufend) zuschneiden.

6 Wenn die Perlen getrocknet sind, können Sie sie auf Bänder oder Kordeln auffädeln und als Ketten, Anhänger oder vieles mehr nutzen.

URLAUBSERINNERUNGEN

Geben Sie Urlaubsfundstücken ein neues Zuhause! Alles, was Sie dafür brauchen, sind ein alter Weltatlas und eine Streichholzschachtel.

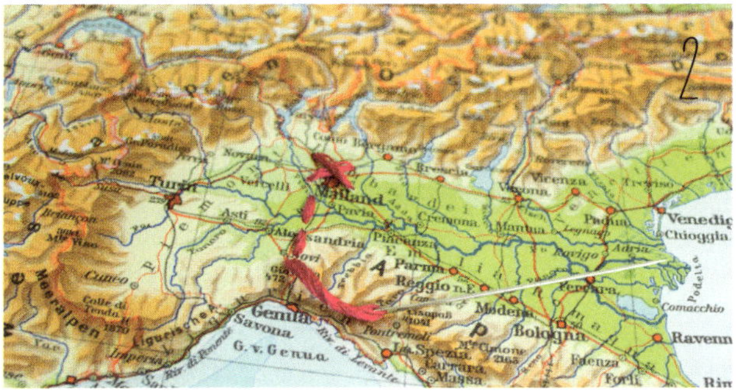

Material

Streichholzschachteln / Weltatlas oder Landkarten / Stickgarn / Kleber

Werkzeug

Lineal / Bleistift / Schere / Sticknadel

1 Messen Sie zuerst die Streichholzschachtel aus und übertragen Sie deren Maße auf die ausgesuchte Karte. Ich habe persönliche Urlaubsorte gewählt. Dann schneiden Sie das Papier aus.

2 Nun sticken Sie mit dem Garn und der passenden Nadel vorsichtig Ihre persönliche Urlaubsroute in das Papier hinein.

3 Zum Schluss kleben Sie die Karte auf der Streichholzschachtel fest.

BESTECKTÜTEN

Ideal für den Picknickkorb: Diese kleinen Tütchen sind wahnsinnig praktisch und bereits mit den passenden Toppings ausgestattet.

1

2

Material

buntes Papier, ca. 21 × 21 cm / durchsichtige Geschenkfolie / Masking-Tape / Pfeffer/Salz oder bunte Zuckerstreusel / Besteck und Serviette, nach Bedarf

Werkzeug

Lineal / Stift / Schere / Nähmaschine

1 Zuerst schneiden Sie sich aus dem gewählten Papier ein Quadrat von 21 × 21 cm aus.

2 Nun falten Sie das Papier in der Mitte und nähen Sie anschließend die zwei Außenseiten und die untere Seite mit dem Geradstich der Nähmaschine zusammen.

Falls Sie keine Nähmaschine haben oder noch nie genäht haben, können die Tütchen auch einfach mit Kleber oder Masking-Tape zusammengeklebt werden.

weiter

3 Für das passende Topping (z. B. Pfeffer und Salz für herzhafte Snacks oder bunte Zuckerstreusel für süße Snacks) basteln Sie sich jetzt noch kleine Aufbewahrungstütchen. Dafür schneiden Sie aus der durchsichtigen Geschenkfolie zwei kleine Rechtecke in den Maßen 9 × 5 cm aus. Falten Sie jeweils die Folienstücke einmal in der Mitte und kleben Sie die zwei Außenseiten und den Boden mit Masking-Tape zusammen.

4 Anschließend befüllen Sie die Tütchen. Kleben Sie die beiden Tütchen jetzt ebenfalls mit Masking-Tape zusammen und verschließen dabei die Öffnungen. Zum Schluss befestigen Sie mithilfe von Masking-Tape die Tütchen an der Bestecktasche.

5 Dort können Sie nun, je nach Bedarf, Besteck und Serviette hineinstecken.

Aus schönem Papier lassen sich ganz schnell kleine Banderolen zaubern, um Brötchen o. Ä. zusammenzuhalten: Rechtecke ausschneiden, die Ecken zusammenkleben, kleine Schleifchen darumbinden – fertig!

SNACKTÜTCHEN

Diese hübschen Tütchen sind ganz leicht herzustellen und eignen sich für fast jeden Snack. Für Partys oder Picknicks unverzichtbar!

Material

buntes Papier, ca. 25 × 25 cm

Werkzeug

Lineal / Stift / Schere

1 Schneiden Sie zuerst aus dem gewählten Papier ein Quadrat in den Maßen 25 × 25 cm aus.

2 Falten Sie das Quadrat diagonal.

3 Klappen Sie die rechte Spitze des entstandenen Dreiecks so um, dass diese exakt am Rand der linken Seite abschließt.

4 Mit der linken Spitze verfahren Sie analog.

5 Im letzten Schritt nehmen Sie die Vorderseite der oberen Spitze …

6 … und stecken diese in die zuletzt gefaltete.

SCHMUCKHALTER

Manche Briefmarken sind zu schön, um sie in einem Album verstauben zu lassen. Verschönern Sie doch einen alten Bilderrahmen damit!

Ketten, Ohrringe und weiterer Schmuck lassen sich praktisch und immer griffbereit an den kleinen Haken aufbewahren.

Material

Bilderrahmen / Briefmarken / Décopatch-Kleber / buntes Papier, Größe je nach Bilderrahmen / kleine Haken

Werkzeug

Pinsel / Akkubohrer

1 Zuerst kleben Sie die Briefmarken mit dem Décopatch-Kleber auf den Rand des Bilderrahmens. Pinseln Sie hierfür die zu beklebende Stelle mit dem Kleber ein und positionieren Sie die Briefmarke darauf. Pinseln Sie anschließend noch einmal darüber, um eine schützende Schicht entstehen zu lassen.

2 Dann trennen Sie die Rückwand vom Bilderrahmen ab. Legen Sie sie als Schablone auf das Papier und schneiden Sie diese aus.

3 Das ausgeschnittene Stück Papier kleben Sie ebenfalls mit dem Décopatch-Kleber auf die Rückwand des Bilderrahmens und bestreichen das Ganze nochmals mit dem Kleber.

4 Nachdem alles gut durchgetrocknet ist, bohren Sie mit dem Akkubohrer kleine Löcher in die Rückwand des Bilderrahmens vor. Dadurch lassen sich die kleinen Haken einfach mit der Hand hineindrehen. Zum Schluss befestigen Sie die Rückwand am Rahmen.

DANKSAGUNG

Ein großes Dankeschön geht an meinen Mann. Wenn du mich nicht immer so tatkräftig unterstützt hättest, wäre auch dieses zweite Buch niemals möglich gewesen.

Vielen Dank auch an meine Kinder, die mich immer wieder auf ein Neues inspirieren und speziell an meine Tochter, die hin und wieder im Rahmen des Buchs für mich Modell stehen musste.

Danke an dich, Natascha, für die wiederum tolle Zusammenarbeit und Beratung. Es hat mir wieder großen Spaß gemacht.

Ein Fußballclub ist nichts ohne Fans, ein Luftballon nichts ohne Luft, also danke auch an meine treuen Blogleser, die mich begleiten und ermutigen, so weiterzumachen.

ÜBER DIE AUTORIN

Die gebürtige Brandenburgerin Christin Pardun lebt mit ihrer Familie in Siegburg.

Sie arbeitet bei einem schwedischen Modeunternehmen und gestaltet und dekoriert dort eigene Abteilungen. Die zweifache Mama liebt Basteln, Nähen, Werkeln und alte Dinge zu neuem Leben zu erwecken. Sie möchte mit ihren Ideen die Welt ein wenig bunter und individueller gestalten.

Die Liebe zu Farben und Mustern sowie ihre kreativen Ideen zeigt Christin seit dem Sommer 2014 auf ihrem Blog www.pfefferminzgruen.blogspot.de.